Impressum
Verlag: BABADADA GmbH, Nedderfeld 112 , 22529 Hamburg
Geschäftsführer / Verlagsleitung: Harald Hof
Druck: Books on Demand GmbH, In de Tarpen 42, 22848 Norderstedt

Imprint
Publisher: BABADADA GmbH, Nedderfeld 112 , 22529 Hamburg, Germany
Managing Director / Publishing direction: Harald Hof
Print: Books on Demand GmbH, In de Tarpen 42, 22848 Norderstedt, Germany

مدرسه

skola

کلاس درس
klassrum
تقسیم کردن
dividera
186/2
تخته
tavla
skolgård
معلم
lärare
کاغذ
papper
نوشتن
skriva
خودکار
penna
میز تحریر
skrivbord
خط کش
linjal
کتاب
bok
دانش آموز
elev

کیف مدرسه

skolväska

جامدادی

pennfodral

مداد

blyertspenna

تراش

pennvässare

پاک کن

suddgummi

دفتر رسم

ritblock

طراحی

teckning

قلم مو

pensel

جعبه ی آبرنگ

målarlåda

قیچی

sax

چسب

lim

کتاب تمرین

övningsbok

تکلیف خانه

hemläxa

12

رقم

tal

2+2

جمع کردن

addera

5-2

تفریق کردن

subtrahera

2×2

ضرب کردن

multiplicera

محاسبه کردن

räkna

A

حرف الفبا

bokstav

ABCDEFG
HIJKLMN
OPQRSTU
VWXYZ

الفبا

alfabet

hello

کلمه

ord

متن
....
text

خواندن
....
läsa

گچ
....
krita

درس
....
lektion

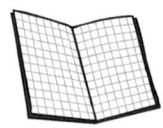

ثبت نام
....
register

امتحان
....
prov

مدرک رسمی
....
intyg

لباس مدرسه
....
skoluniform

تحصیلات
....
utbildning

دانشنامه
....
uppslagsverk

دانشگاه
....
universitet

میکروسکوپ
....
mikroskop

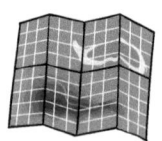

نقشه
....
karta

سبد کاغذ باطله
....
papperskorg

سفر

resa

هتل
hotell
مسافرخانه
vandrarhem
صرافی
växelkontor
چمدان
resväska
اتومبیل
bil

زبان

språk

بله / خیر

ja / nej

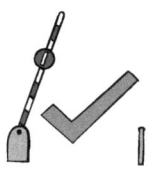

اُکی

Okay

سلام

hej

مترجم

översättare

ممنون

Tack

قیمت ... چه قدر است؟

hur mycket kostar...?

من متوجه نمی شوم

jag förstår inte

مشکل

problem

عصر بخیر! / شب بخیر!

God kväll!

صبح بخیر!

God morgon!

شب بخیر!

God natt!

خدانگهدار

hejdå

جهت

riktning

بار سفر

bagage

کیف

väska

کوله پشتی

ryggsäck

مهمان

gäst

اتاق

rum

کیسه خواب

sovsäck

خیمه

tält

مرکز راهنمای گردشگران
....
turistinformation

ساحل
....
strand

کارت اعتباری
....
kreditkort

صبحانه
....
frukost

نهار
....
lunch

شام
....
middag

بلیط
....
biljett

آسانسور
....
hiss

مهر
....
frimärke

مرز
....
gräns

گمرک
....
tull

سفارتخانه
....
ambassad

ویزا
....
visum

گذرنامه
....
pass

حمل و نقل
transport

هواپیما
flygplan
کشتی
fartyg
ماشین آتش نشانی
brandbil
کامیون
lastbil
اتوبوس
buss
قایق موتوری
motorbåt
اتومبیل
bil
دوچرخه
cykel

کشتی مسافربری
....
färja

قایق
....
båt

موتورسیکلت
....
motorcykel

ماشین پلیس
....
polisbil

ماشین مسابقه
....
racerbil

ماشین کرایه ای
....
hyrbil

به اشتراک گذاری اتوموبیل
....
bilpool

جرثقیل
....
bärgningsbil

ماشین حمل زباله
....
sopbil

موتور
....
motor

بنزین
....
bränsle

پمپ بنزین
....
bensinstation

تابلو راهنمایی و رانندگی
....
vägmärke

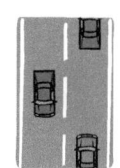

عبور و مرور
....
trafik

ترافیک
....
bilkö

پارکینگ
....
parkeringsplats

ایستگاه قطار
....
tågstation

ریل راه آهن
....
räls

قطار
....
tåg

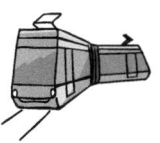

قطار برقی
....
spårvagn

واگن
....
vagn

هلیکوپتر

helikopter

فرودگاه

flygplats

برج

torn

مسافر

passagerare

کانتینر

container

کارتن

kartong

گاری

vagn

سبد

korg

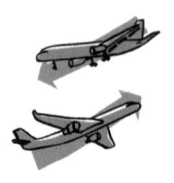

به پرواز درآمدن / فرود آمدن

starta / landa

شهر

stad

دهکده

by

مرکز شهر

centrum

خانه

hus

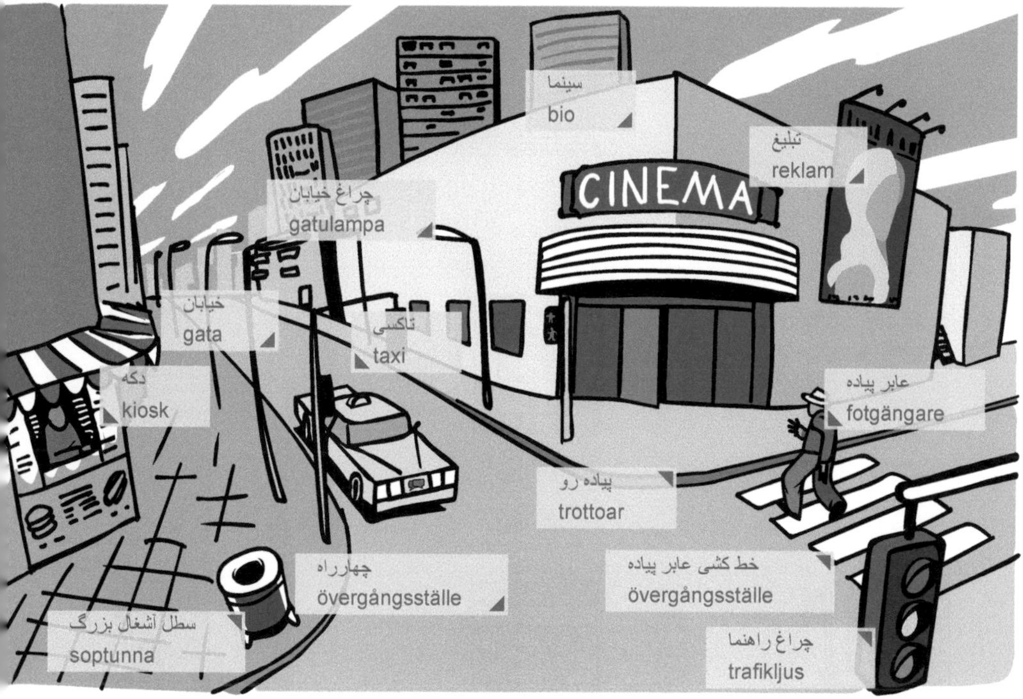

سینما
bio

تبلیغ
reklam

چراغ خیابان
gatulampa

خیابان
gata

تاکسی
taxi

دکه
kiosk

عابر پیاده
fotgängare

پیاده رو
trottoar

چهارراه
övergångsställe

خط کشی عابر پیاده
övergångsställe

سطل آشغال بزرگ
soptunna

چراغ راهنما
trafikljus

کلبه
....
stuga

آپارتمان
....
lägenhet

ایستگاه قطار
....
tågstation

ساختمان شهرداری
....
stadshus

موزه
....
museum

مدرسه
....
skola

دانشگاه
....
universitet

بانک
....
bank

بیمارستان
....
sjukhus

هتل
....
hotell

داروخانه
....
apotek

اداره
....
kontor

کتابفروشی
....
bokhandel

مغازه
....
affär

گل فروشی
....
blomsterbutik

سوپرمارکت
....
stormarknad

بازار
....
marknad

فروشگاه بزرگ
....
varuhus

ماهی فروش
....
fiskhandlare

مرکز خرید
....
köpcentrum

بندر
....
hamn

پارک
....
park

نیمکت
....
bänk

پل
....
brygga

پله
....
trappa

مترو
....
tunnelbana

تونل
....
tunnel

ایستگاه اتوبوس
....
busshållplats

میخانه
....
bar

رستوران
....
restaurang

صندوق پست
....
brevlåda

تابلوی خیابان
....
gatuskylt

دستگاه پارکومتر
....
parkeringsautomat

باغ وحش
....
zoo

استخر شنای عمومی
....
simbassäng

مسجد
....
moské

مزرعه

bondgård

آلودگی محیط زیست

förorening

قبرستان

kyrkogård

کلیسا

kyrka

زمین بازی

lekplats

معبد

tempel

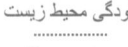

چشم انداز

landskap

برگ
löv
تابلوی راهنمای مسیر
vägskylt
راه
väg
چمنزار
äng
سنگ
sten
راه نورد
liftare
درخت
träd
رودخانه
flod
چمن
gräs
گل
blomma

دره

dal

تپه

kulle

دریاچه

sjö

جنگل

skog

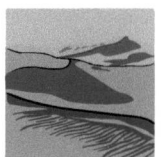

بیابان

öken

کوه آتشفشان

vulkan

قلعه

slott

رنگین کمان

regnbåge

قارچ

svamp

درخت نخل

palm

پشه

mygga

مگس

fluga

مورچه

myra

زنبور

bi

عنکبوت

spindel

سوسک

skalbagge

قورباغه

groda

سنجاب

ekorre

جوجه تیغی

igelkott

خرگوش صحرایی

hare

جغد

uggla

پرنده

fågel

قو

svan

گراز

vildsvin

گوزن نر

rådjur

گوزن شمالی

älg

سد آب

damm

توربین بادی

vindkraftverk

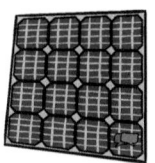

صفحه ی خورشیدی

solcellspanel

آب و هوا

klimat

رستوران
restaurang

servitör
منوی غذا
meny
صندلی
stol
سوپ
soppa
پیتزا
pizza
سرویس کارد و قاشق و چنگال
bestick
رومیزی
bordsduk

پیش‌غذا

förrätt

غذای اصلی

huvudrätt

دسر

dessert

نوشیدنی ها

drycker

غذا

mat

بطری

flaska

فست فود

snabbmat

اغذیه خیابانی

street food

قوری

tekanna

قندان

sockerskål

پُرس غذا

portion

دستگاه اسپرسو

espressomaskin

صندلی پایه بلند غذاخوری بچه

barnstol

صورتحساب

räkning

سینی

bricka

چاقو

kniv

چنگال

gaffel

قاشق

sked

قاشق چایخوری

tesked

دستمال سفره

servett

لیوان

glas

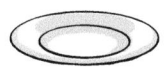

بشقاب

tallrik

بشقاب سوپخوری

sopptallrik

نعلبکی

tefat

سس

sås

نمکدان

saltkar

فلفل ساب

pepparkvarn

سرکه

vinäger

روغن خوراکی

olja

ادویه جات

kryddor

سس کچاپ

ketchup

سس خردل

senap

سس مایونز

majonnäs

سوپرمارکت

stormarknad

پیشنهاد ویژه
specialerbjudande
مشتری
kund
لبنیات
mejeriprodukter
میوه جات
frukt
چرخ دستی خرید
varukorg

قصابی

charkuteri

نانوایی

bageri

وزن کردن

väga

سبزیجات

grönsaker

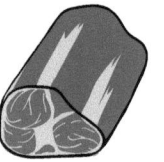

گوشت

kött

غذای منجمد

frysta livsmedel

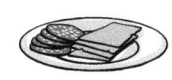

مخلوطی از انواع کالباس یا پنیر که ورقه ای بریده شده باشند

pålägg

غذای کنسروی

konserver

پودر لباسشویی

tvättmedel

شیرینی جات

godis

لوازم خانگی

hushållsprodukter

ماده شوینده و پاک کننده

rengöringsmedel

فروشنده

försäljare

صندوق پرداخت

kassa

صندوقدار

kassör

لیست خرید

inköpslista

ساعات کار

öppettider

کیف پول

plånbok

کارت اعتباری

kreditkort

کیف

väska

کیسه ی پلاستیکی

plastpåse

نوشیدنی ها

drycker

آب

....

vatten

آبمیوه

....

juice

شیر

....

mjölk

نوشابه کوکاکولا

....

cola

شراب

....

vin

آبجو

....

öl

الکل

....

alkohol

کاکائو

....

kakao

چای

....

te

قهوه

....

kaffe

قهوه اسپرسو

....

espresso

کاپوچینو

....

cappuccino

غذا

mat

موز

banan

سیب

äpple

پرتقال

apelsin

انواع هندوانه و خربزه

melon

لیمو

citron

هویج

morot

سیر

vitlök

نی بامبو

bambu

پیاز

lök

قارچ

svamp

آجیل

nötter

ماکارونی

nudlar

اسپاگتی
....
spaghetti

برنج
....
ris

سالاد
....
sallad

سیب زمینی سرخ کرده
....
pommes frites

سیب زمینی سرخ شده
....
stekt potatis

پیتزا
....
pizza

همبرگر
....
hamburgare

ساندویچ
....
smörgås

شنیتسل
....
schnitzel

ژامبون خوک
....
skinka

سالامی
....
salami

سوسیس
....
korv

مرغ
....
kyckling

نوعی گوشت سرخ شده
....
stek

ماهی
....
fisk

جوى پرک شده
havregryn

نوعى صبحانه مخلوطى از برگه ذرت و
ميوه هاى خشک شده و خشکبار که
معمولا با شير خورده مى شود
müsli

کورن‌فلکس
cornflakes

آرد
mjöl

کرواسان
croissant

نان بروتشن
fralla

نان
bröd

نان تست
rostat bröd

بيسکويت
kex

کره
smör

کشک
kvarg

کيک
kaka

تخم مرغ
ägg

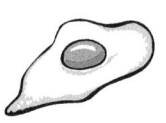

تخم مرغ نيمرو
stekt ägg

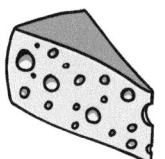

پنير
ost

بستنى

glass

شکر

socker

عسل

honung

مربا

sylt

کرم شکلاتى بادامى

nougatkräm

ادویه کارى

curry

مزرعه
bondgård

خانه ی مزرعه داران
lantgård
انبار غله
ladugård
خرمن گاه
halmbal
مزرعه
fält
اسب
häst
ماشین یدک کش
trailer
کره اسب
föl
تراکتور
traktor
خر
åsna
گوسفند
får
بره
lamm

بز

get

گاو ماده

ko

گوساله

kalv

خوک

gris

بچه خوک

griskulting

گاو نر

tjur

غاز

gås

اردک

anka

جوجه

kyckling

مرغ

höna

خروس

tupp

موش صحرایی

råtta

گربه

katt

موش

mus

گاو نر اخته

oxe

سگ

hund

لانه ی سگ

hundkoja

شلنگ باغبانی

trädgårdsslang

آبپاش

vattenkanna

داس دسته بلند

lie

گاوآهن

plog

داس

skära

كج بيل

hacka

چنگک باغبانى

högaffel

تبر

yxa

فرقون

skottkärra

آبشخور

tråg

بطرى نگهدارى شير

mjölkflaska

كيسه

säck

حصار

staket

اصطبل

stall

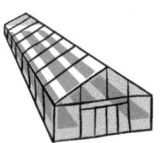

گلخانه

växthus

خاك

jord

بذر

säd

كود

gödsel

ماشين كمباين

skördetröska

برداشت کردن محصول

skörda

محصول

skörd

تمیس

jams

گندم

vete

سویا

soja

سیب زمینی

potatis

ذرت

majs

کلزا

raps

درخت میوه

frukttträd

گیاه مانیوک

maniok

غلات

spannmål

خانه

hus

دودکش
skorsten
پشت بام
tak
ناودان
stuprör
پنجره
fönster
گاراژ
garage
زنگ در
dörrklocka
در
dörr
سطل آشغال
soptunna
صندوق مراسلات
brevlåda
باغ
trädgård

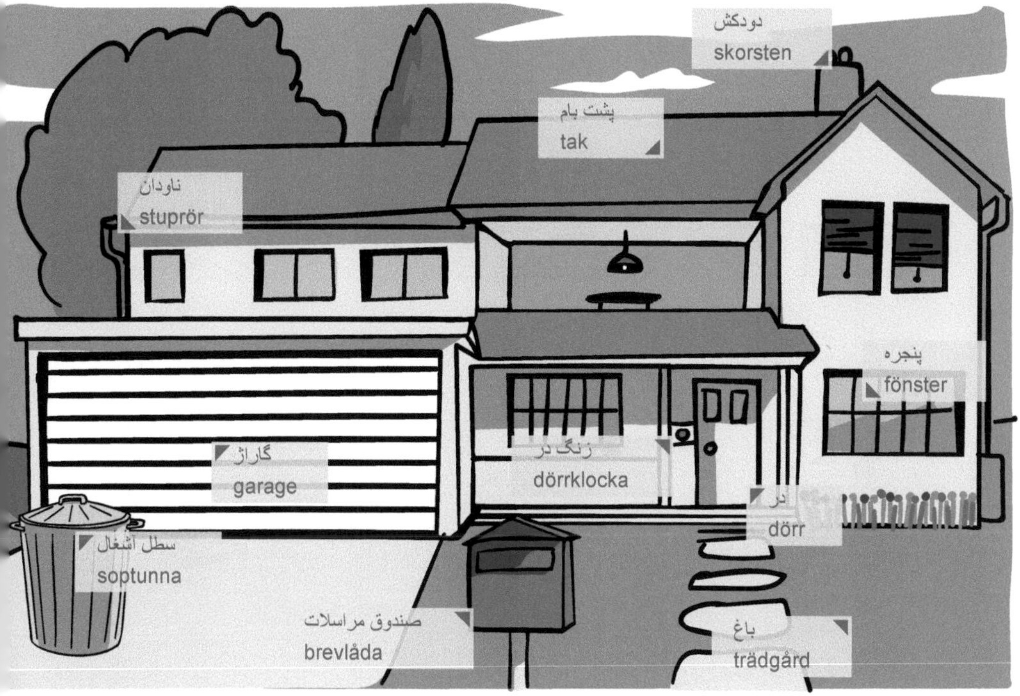

اتاق نشیمن

....

vardagsrum

حمام

....

badrum

آشپزخانه

....

kök

اتاق خواب

....

sovrum

اتاق بچه

....

barnrum

ناهارخوری

....

matsal

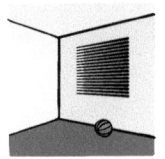

کف زمین

golv

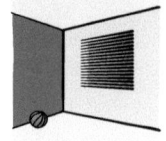

دیوار

vägg

سقف

tak

زیرزمین

källare

سونا

bastu

بالکن

balkong

تراس

terrass

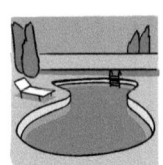

استخر

bassäng

ماشین چمن‌زنی

gräsklippare

ملافه

lakan

روتختی

överkast

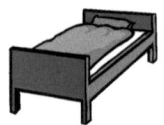

تخت خواب

säng

جارو

kvast

سطل

hink

سویچ یا کلید

strömbrytare

اتاق نشیمن

vardagsrum

کاغذ دیواری
tapet
عکس
bild
لامپ
lampa
قفسه
hylla
کابینت
skåp
تلویزیون
TV
شومینه
eldstad
گل
blomma
کوسن
kudde
کاناپه
soffa
گلدان
vas
کنترل تلویزیون و ویدئو و غیره
fjärrkontroll

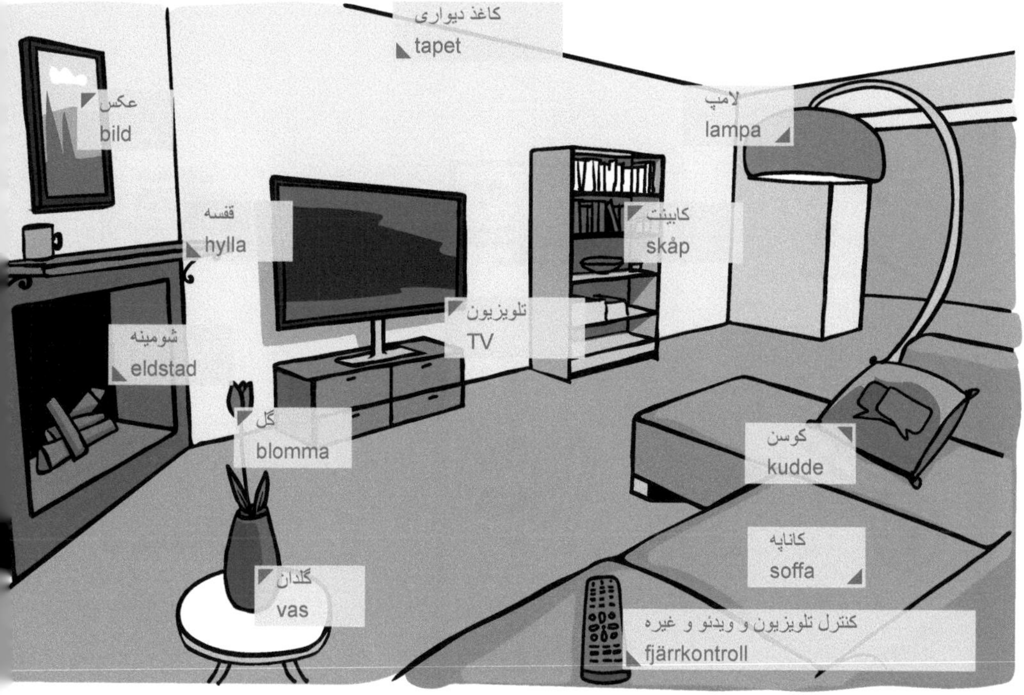

فرش

matta

پرده

gardin

میز

bord

صندلی

stol

صندلی گهواره ایی

gungstol

صندلی راحتی

fåtölj

كتاب

bok

لحاف

filt

دكوراسيون

dekoration

هيزم

vedträ

فيلم

film

دستگاه ضبط صوت

stereoanläggning

كليد

nyckel

روزنامه

dagstidning

تابلو نقاشی

målning

پوستر

poster

راديو

radio

دفترچه يادداشت

anteckningsbok

جاروبرقی

dammsugare

كاكتوس

kaktus

شمع

stearinljus

آشپزخانه
kök

kylskåp
ماکروویو
mikrovågsugn
köksvåg
تُستر
brödrost
ماده شوینده و پاک کننده
rengöringsmedel
فر خوراک پزی
ugn
جایخی
frys
سطل آشغال
soptunna
ماشین ظرفشویی
diskmaskin

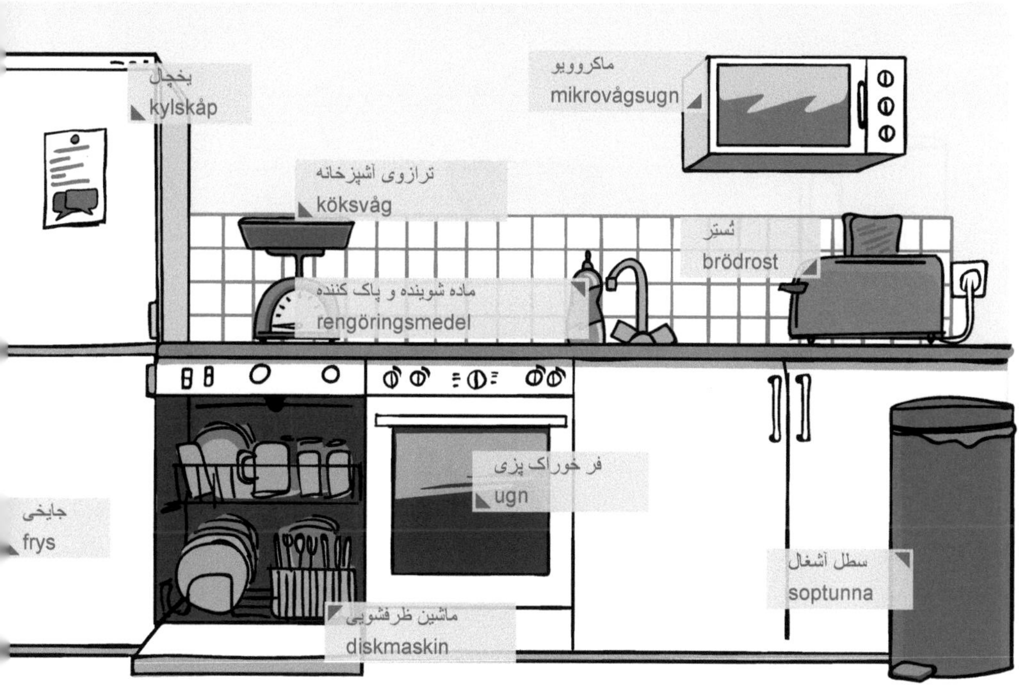

اجاق گاز
....
spis

قابلمه
....
kastrull

قابلمه چدنی
....
järngryta

ماهی تابه گود
....
wok / kadai

ماهی تابه
....
stekpanna

کتری
....
vattenkokare

بخارپز

ångkokare

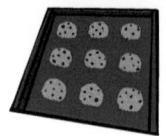

سینی فر

bakplåt

ظرف چینی آشپزخانه

porslin

لیوان

mugg

کاسه

skål

چاپستیک

ätpinnar

ملاقه

soppslev

کفگیر

stekspade

همزن

visp

آبکش

durkslag

آبکش

sil

رنده

rivjärn

هاون

mortel

باربیکیو

grill

محل مخصوص افروختن آتش

brasa

تخته گوشت و سبزی

skärbräda

وردنه

kavel

در بطری بازکن

korkskruv

قوطی

burk

در قوطی بازکن

burköppnare

دستگیره پارچه ای

grytlapp

سینک ظرفشویی

vask

برس گردگیری

borste

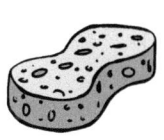

اسفنج

svamp

مخلوط کن

mixer

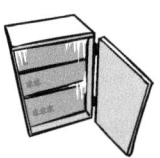

فریزر

frys

شیشه شیر بچه

nappflaska

شیر آب

kran

حمام
badrum

بخاری
värme
حوله
handduk
دوش
dusch
پرده ی حمام
duschdraperi
حمام کف
bubbelbad
وان حمام
badkar
لیوان
glas
ماشین لباسشویی
tvättmaskin
شیر آب
kran
کاشی
kakel
لگن دستشویی کودکان
potta
سینک ظرفشویی
vask

توالت

toalett

توالت ایرانی

låg toalett

کاسه توالت

bidet

توالت مخصوص آقایان

pissoar

دستمال توالت

toalettpapper

فرچه توالت

toalettborste

38 حمام - badrum

مسواک

tandborste

خمیردندان

tandkräm

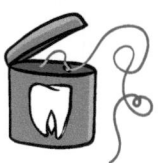

نخ دندان

tandtråd

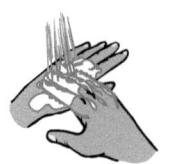

شستن

tvätta

دوش آب تلفنی

handdusch

شلنگ توالت

intimdusch

لگن روشویی

handfat

برس شست و شوی پشت

ryggborste

صابون

tvål

شامپو بدن

duschgel

شامپو

schampo

لیف حمام

trasa

راه آب

avlopp

کرم

crème

اسپری دئودورانت

deodorant

آیینه

spegel

آیینه ی کوچک دستی

handspegel

تیغ ریش تراشی

rakhyvel

کف ریش‌تراشی

raklödder

آفترشیو

rakvatten

شانه ی سر

kam

برس

borste

سشوار

hårtork

اسپری مو

hårspray

آرایش

smink

رژلب

läppstift

لاک ناخن

nagellack

پنبه

bomullsvadd

قیچی ناخن

nagelsax

عطر

parfym

کیف لوازم آرایشی و بهداشتی

necessär

چهارپایه

pall

ترازو

våg

حوله ی پالتویی

badrock

دستکش ظرفشویی

gummihandskar

تامپون

tampong

نوار بهداشتی

binda

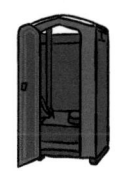

توالت سیار

kemisk toalett

اتاق بچه
barnrum

ساعت زنگدار
väckarklocka
نوعی عروسک نرم به شکل حیوانات
gosedjur
ماشین اسباب بازی
leksaksbil
جغجغه
skallra
خانه ی عروسکی
dockhus
present

بادکنک

ballong

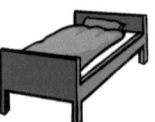

تخت خواب

säng

کالسکه بچه

barnvagn

بازی ورق

kortlek

پازل

pussel

داستان مصور

serietidning

اسباب بازی لگو
....
legobitar

خانه سازی
....
klossar

عروسک شخصیت های فیلم و کارتون
....
actionfigur

لباس نوزاد
....
sparkdräkt

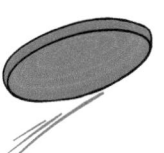

فریزبی
....
frisbee

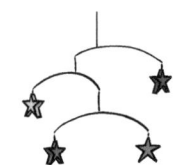

نوعی اسباب بازی که روی تخت نوزاد
یا کودک نصب می شود
....
mobil

بازی روی صفحه
....
brädspel

تاس
....
tärning

قطار اسباب بازی
....
modelljärnväg

پستانک
....
napp

مهمانی
....
party

کتاب مصور
....
bilderbok

توپ
....
boll

عروسک
....
docka

بازی کردن
....
spela

جعبه شنی مخصوص بازی کودکان

sandlåda

تاب

gunga

اسباب بازی

leksaker

کنسول بازی های کامپیوتری

spelkonsol

سه چرخه

trehjuling

خرس عروسکی

nalle

کمد لباس

garderob

لباس

kläder

جوراب

sockar

جوراب زنانه ساق بلند

strumpor

جوراب شلواری

tights

شال
halsduk

چتر
paraply

تی شرت
t-shirt

کمربند
bälte

پوتین
stövlar

دمپایی
tofflor

کفش ورزشی کتانی
sneakers

صندل
....
sandaler

کفش
....
skor

چکمه پلاستیکی
....
gummistövlar

شرت
....
underbyxor

سوتین
....
BH

جلیقه
....
linne

بادی
....
body

شلوار
....
byxor

جین
....
jeans

دامن
....
kjol

بلوز
....
blus

پیراهن
....
skjorta

پولیور
....
pullover

سویی شرت
....
sweater

نوعی کت
....
blazer

ژاکت
....
jacka

کت بلند
....
kappa

بارانی
....
regnjacka

لباس نمایش
....
dräkt

لباس
....
klänning

لباس عروس
....
bröllopsklänning

کت و شلوار
....
kostym

لباس خواب زنانه
....
nattlinne

پیژامه
....
pyjamas

ساری
....
sari

روسری
....
slöja

عمامه
....
turban

برقع
....
burka

قبا
....
kaftan

عبا
....
abaya

لباس شنا
....
baddräkt

شرت شنا
....
badbyxor

شلوارک
....
shorts

لباس ورزشی
....
träningsoverall

پیشبند
....
förkläde

دستکش
....
handskar

دکمه

knapp

عینک

glasögon

دستبند

armband

گردنبند

halsband

انگشتر

ring

گوشواره

örhänge

کلاه لبه دار

mössa

چوب لباسی

galge

کلاه

hatt

کراوات

slips

زیپ

dragkedja

کلاه ایمنی

hjälm

بند شلوار

hängslen

لباس مدرسه

skoluniform

لباس فرم

uniform

پیش بند بچه

haklapp

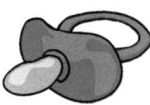

پستانک

napp

پوشک بچه

blöja

اداره

kontor

سرور
server
کمد نگهداری پرونده
dokumentskåp
کاغذ
papper
چاپگر
skrivare
مانیتور
bildskärm
ماوس
mus
میز تحریر
skrivbord
زونکن
mapp
صفحه کلید
tangentbord
سبد کاغذ باطله
papperskorg
کامپیوتر
dator
صندلی
stol

لیوان قهوه

kaffemugg

ماشین حساب

miniräknare

اینترنت

internet

لپ تاپ

bärbar dator

نامه

brev

پیغام

meddelande

تلفن همراه

mobiltelefon

شبکه ی ارتباطی

nätverk

دستگاه فتوکپی

kopieringsapparat

نرم افزار

programvara

تلفن

telefon

پریز

vägguttag

دستگاه فاکس

fax

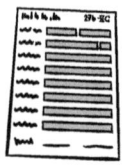

فرم

blankett

مدرک

dokument

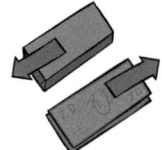

خریدن

köpa

پرداخت کردن

betala

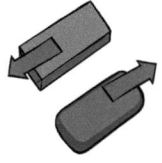

تجارت کردن

handla

پول

pengar

دلار

dollar

یورو

euro

ین

yen

روبل

rubel

فرانک سوئیس

schweizisk franc

یوان رنمینبی

renminbi yan

روپیه

rupie

دستگاه خودپرداز

bankomat

صرافی

växelkontor

طلا

guld

نقره

silver

نفت

olja

انرژی

energi

قیمت

pris

قرارداد

kontrakt

مالیات

skatt

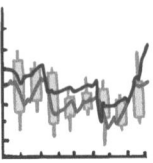

سهام سرمایه

aktie

کار کردن

arbeta

کارمند

anställd

کارفرما

arbetsgivare

کارخانه

fabrik

مغازه

affär

مشاغل

yrken

مامور پلیس
polis
آتش نشان
brandman
آشپز
kock
دکتر
läkare
خلبان
pilot

باغبان

trädgårdsmästare

نجار

snickare

خیاط زنانه

sömmerska

قاضی

domare

شیمیدان

kemist

بازیگر

skådespelare

راننده اتوبوس

busschaufför

راننده تاکسی

taxichaufför

ماهیگیر

fiskare

نظافتچی زن

städerska

سقف ساز

takläggare

پیشخدمت رستوران

servitör

شکارچی

jägare

نقاش

målare

نانوا

bagare

برقکار

elektriker

کارگر ساختمانی

byggarbetare

مهندس

ingenjör

قصاب

slaktare

لوله کش

rörmokare

پستچی

brevbärare

سرباز

soldat

معمار

arkitekt

صندوقدار

kassör

گل فروش

florist

آرایشگر

frisör

مامور کنترل بلیط در قطار

konduktör

مکانیک

mekaniker

ناخدا

kapten

دندانپزشک

tandläkare

دانشمند

vetenskapsman

عالم یهودی

rabbin

امام

imam

راهب

munk

کشیش

präst

ابزارآلات
verktyg

چکش
hammare
انبردست
tång
پیچ گوشتی
skruvmejsel
آچار
skiftnyckel
چراغ قوه
ficklampa

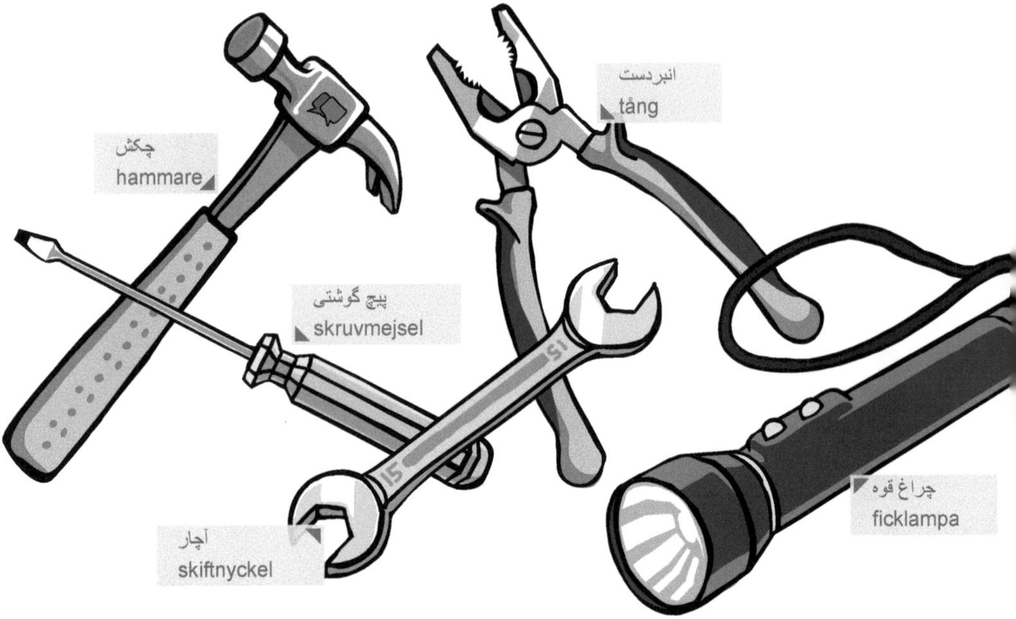

بیل مکانیکی

grävmaskin

جعبه ابزار

verktygslåda

نردبان

stege

ارّه

såg

میخ

spik

مته

borr

تعمیر کردن

reparera

بیل

spade

لعنتی!

Helvete!

خاک انداز

sopskyffel

سطل رنگرزی

färgburk

پیچ

skruvar

آلات موسیقی
musikinstrument

بلندگو
högtalare

درامز
trummor

گیتار
gitarr

کنترباس
kontrabas

ترومپت
trumpet

پیانو

piano

ویولن

violin

گیتار بیس

bas

تیمپانی

timpani

طبل

trumma

کیبورد الکتریک

keyboard

ساکسیفون

saxofon

فلوت

flöjt

میکروفون

mikrofon

باغ وحش

ZOO

tiger
ورودی
ingång
قفس
bur
گورخر
zebra
خوراک حیوانات
djurfoder
خرس پاندا
panda

حیوانات

djur

فیل

elefant

کانگورو

känguru

کرگدن

noshörning

گوریل

gorilla

خرس

björn

شتر

kamel

شترمرغ

struts

شیر

lejon

میمون

apa

فلامینگو

flamingo

طوطی

papegoja

خرس قطبی

isbjörn

پنگوئن

pingvin

کوسه

haj

طاووس

påfågel

مار

orm

تمساح

krokodil

نگهبان باغ وحش

djurskötare

خوک آبی

säl

پلنگ امریکایی

jaguar

اسب کوچک

ponny

پلنگ

leopard

اسب آبی

flodhäst

زرافه

giraff

عقاب

örn

گراز

vildsvin

ماهی

fisk

لاک پشت

sköldpadda

شیرماهی

valross

روباه

räv

غزال

gazell

ورزش ها

sport

فوتبال آمریکایی
amerikansk fotboll
دوچرخه سواری
cykling
تنیس
tennis
بسکتبال
basket
شنا
simning
هاکی روی یخ
ishockey
بوکس
boxning

فوتبال

fotboll

بدمینتون

badminton

دوومیدانی

friidrott

هندبال

handboll

اسکی

skidåkning

پولو

polo

فعالیت ها

aktiviteter

خندیدن
skratta
hoppa
بغل کردن
krama
راه رفتن
gå
آواز خواندن
sjunga
رؤیا دیدن
drömma
دعا کردن
be
بوسیدن
kyssa

نوشتن

skriva

رسم کردن

rita

نشان دادن

visa

هل دادن

skjuta

دادن

ge

برداشتن

ta

داشتن
....
hagel

انجام دادن
....
göra

بودن
....
vara

ایستادن
....
stå

دویدن
....
springa

کشیدن
....
dra

پرتاب کردن
....
kasta

افتادن
....
falla

دراز کشیدن
....
ligga

منتظر بودن
....
vänta

حمل کردن
....
bära

نشستن
....
sitta

لباس پوشیدن
....
klä på

خوابیدن
....
sova

بیدار شدن
....
vakna

تماشا کردن

se på

گریه کردن

gråta

نوازش کردن

smeka

شانه کردن

kamma

حرف زدن

prata

فهمیدن

förstå

پرسیدن

fråga

شنیدن

höra

آشامیدن

dricka

خوردن

äta

مرتب کردن

städa

عاشق بودن

älska

پختن

laga mat

رانندگی کردن

köra

پرواز کردن

flyga

قایقرانی کردن

segla

محاسبه کردن

räkna

خواندن

läsa

یاد گرفتن

lära sig

کار کردن

arbeta

ازدواج کردن

gifta sig

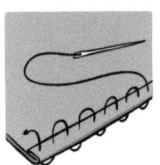

دوختن

sy

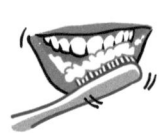

مسواک زدن

borsta tänderna

کشتن

döda

سیگار کشیدن

röka

فرستادن

skicka

خانواده

familj

مادربزرگ
ormor/farmor
پدربزرگ
morfar/farfar
پدر
pappa
مادر
mamma
کودک
baby
فرزند دختر
dotter
فرزند پسر
son

مهمان

gäst

خاله، عمه

moster/faster

دایی، عمو

farbror/morbror

برادر

bror

خواهر

syster

بدن

kropp

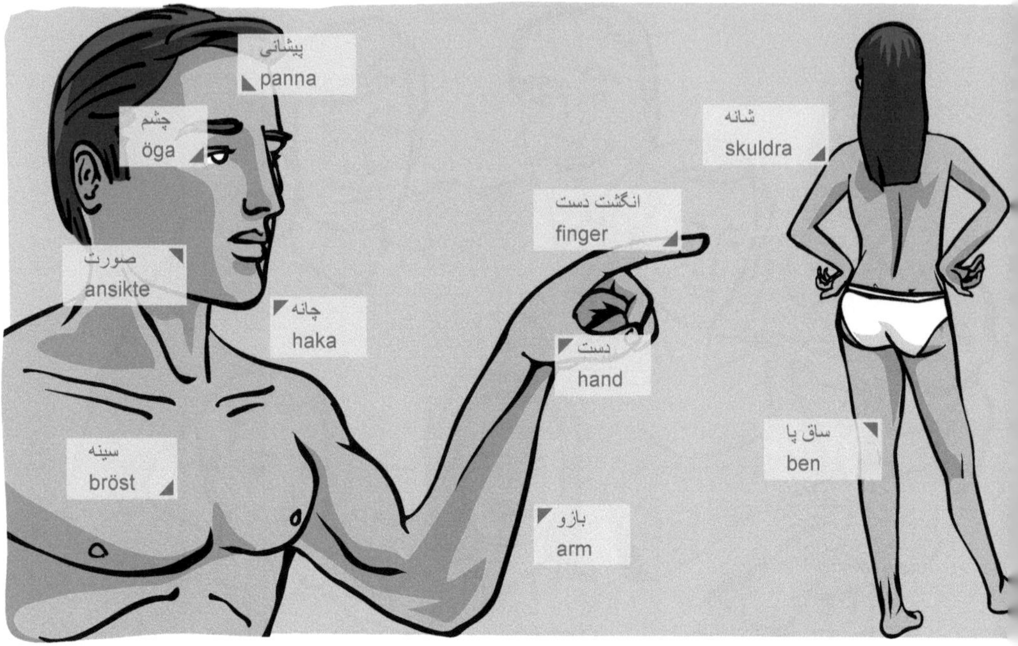

پیشانی panna

چشم öga

شانه skuldra

انگشت دست finger

صورت ansikte

چانه haka

دست hand

سینه bröst

ساق پا ben

بازو arm

کودک
....
baby

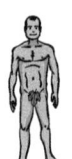

مرد
....
man

زن
....
kvinna

دختربچه
....
flicka

پسربچه
....
pojke

کله
....
huvud

68   kropp - بدن

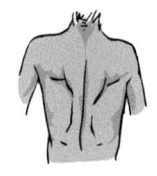

كمر
....
rygg

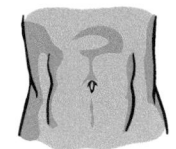

شكم
....
mage

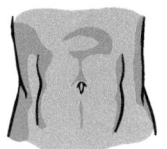

ناف
....
navel

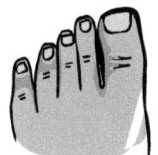

انگشت پا
....
tå

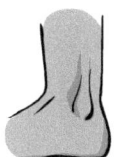

پاشنه
....
häl

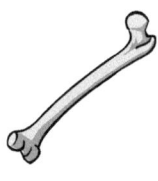

استخوان
....
ben

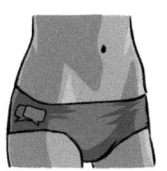

لگن
....
höft

زانو
....
knä

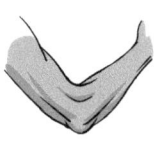

آرنج
....
armbåge

بینی
....
näsa

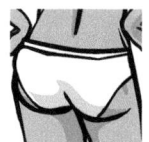

نشیمنگاه
....
stjärt

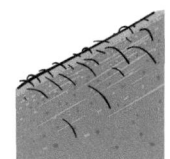

پوست
....
hud

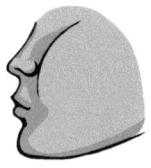

گونه
....
kind

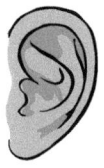

گوش
....
öra

لب
....
läpp

دهان

mun

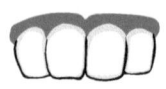

دندان

tand

زبان

tunga

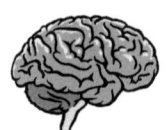

مغز

hjärna

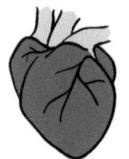

قلب

hjärta

عضله

muskel

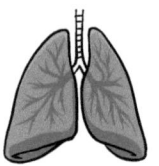

ریه

lunga

کبد

lever

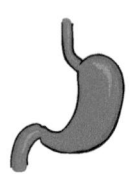

معده

magsäck

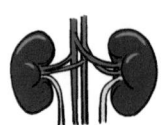

کلیه

njurar

آمیزش جنسی

sex

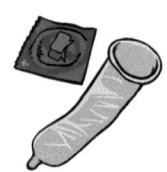

کاندوم

kondom

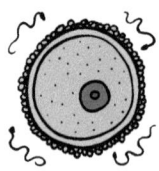

تخمک

äggcell

اسپرم

sperma

حاملگی

graviditet

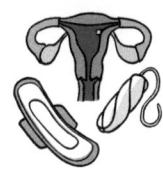

پريود
menstruation

واژن
vagina

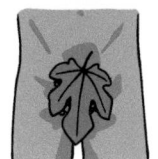

آلت تناسلی مرد
penis

ابرو
ögonbryn

مو
hår

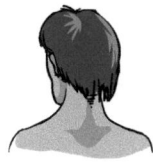

گردن
nacke

بیمارستان
sjukhus

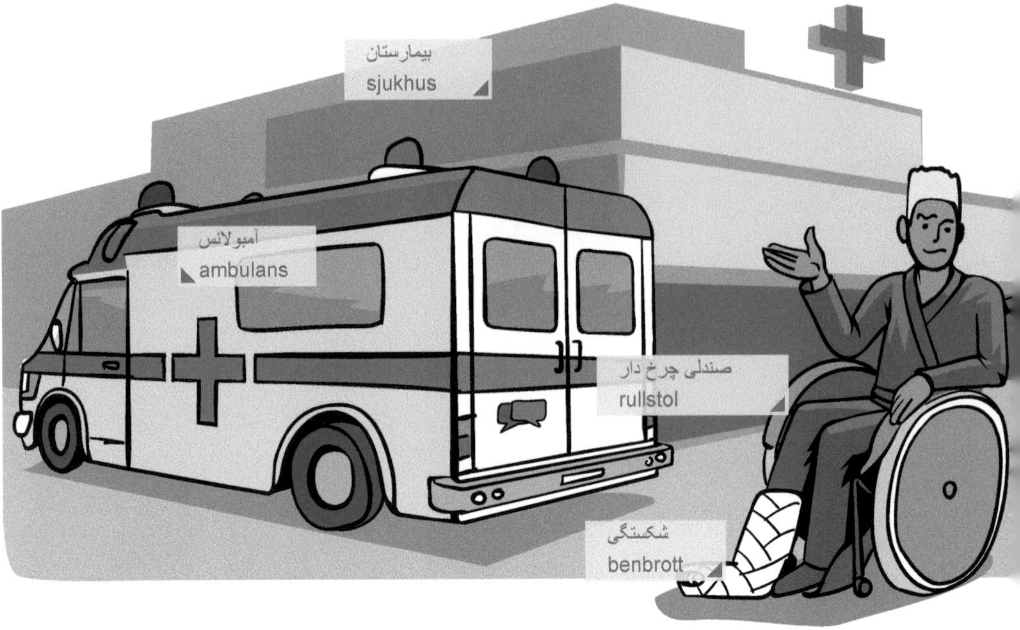

بیمارستان
sjukhus
آمبولانس
ambulans
صندلی چرخ دار
rullstol
شکستگی
benbrott

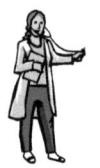

دکتر
....
läkare

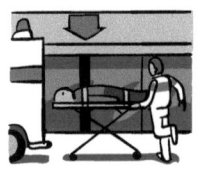

بخش اورژانس
....
akutmottagning

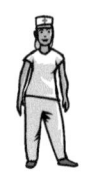

پرستار
....
sjuksköterska

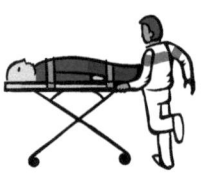

موقعیت اضطراری
....
nödsituation

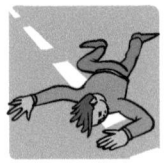

بی هوش
....
medvetslös

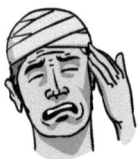

درد
....
smärta

مصدومیت

skada

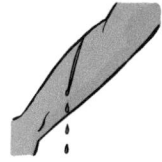

خونریزی

blödning

سکته قلبی

hjärtattack

سکته مغزی

slaganfall

آلرژی

allergi

سرفه

hosta

تب

feber

آنفولانزا

influensa

اسهال

diarré

سردرد

huvudvärk

سرطان

cancer

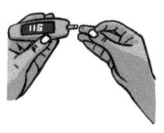

دیابت

diabetes

جراح

kirurg

چاقوی جراحی

skalpell

عمل جراحی

operation

سی تی اسکن
....
CT

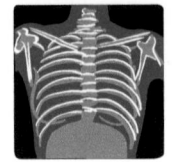

پرتونگاری
....
röntgen

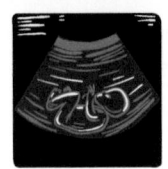

سونوگرافی
....
ultraljud

ماسک صورت
....
ansiktsmask

بیماری
....
sjukdom

اتاق انتظار
....
väntsal

چوب زیر بغل
....
krycka

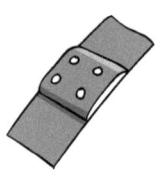

چسب زخم
....
plåster

پانسمان
....
bandage

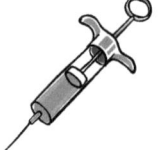

تزریق
....
injektion

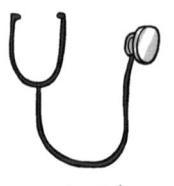

گوشی طبی
....
stetoskop

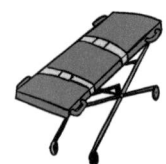

برانکار
....
bår

دماسنج
....
termometer

زایش
....
födsel

اضافه وزن
....
övervikt

سمعک

hörapparat

ماده ضد غفونی کننده

desinfektionsmedel

عفونت

infektion

ویروس

virus

اچ آی وی / ایدز

HIV / AIDS

دارو

medicin

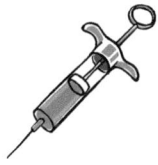

واکسیناسیون

vaccination

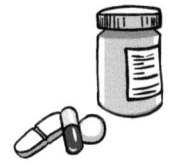

قرص

tabletter

قرص ضد حاملگی

p-piller

تماس اظطراری

nödsamtal

دستگاه اندازه گیری فشارخون

blodtrycksmätare

مریض / سالم

sjuk / frisk

موقعیت اضطراری

nödsituation

کمک!

Hjälp!

آژیر خطر

alarm

حمله

överfall

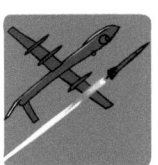

حمله ی فیزیکی

misshandel

خطر

fara

خروج اظطراری

nödutgång

آتش

Det brinner!

کپسول آتش‌نشانی

brandsläckare

تصادف

olycka

جعبه کمک های اولیه

förbandslåda

درخواست کمک

SOS

پلیس

polis

کره زمین
Jorden

اروپا
....
Europa

آمریکای شمالی
....
Nordamerika

آمریکای جنوبی
....
Sydamerika

آفریقا
....
Afrika

آسیا
....
Asien

استرالیا
....
Australien

اقیا نوس اطلس
....
Atlanten

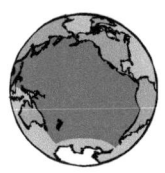

اقیانوس آرام
....
Stilla Havet

اقیانوس هند
....
Indiska Oceanen

اقیا نوس اطلس جنوبی
....
Antarktiska Oceanen

اقیانوس منجمد شمالی
....
Arktiska Oceanen

قطب شمال
....
Nordpol

قطب جنوب
....
Sydpol

قاره قطب جنوب
....
Antarktis

كره زمين
....
Jorden

سرزمين
....
land

دريا
....
hav

جزيره
....
ö

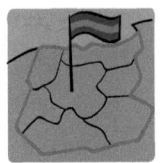

ملت
....
nation

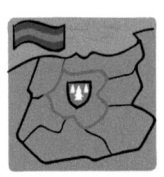

كشور
....
stat

ساعت
klocka

صفحه ی ساعت
....
urtavla

ساعت شمار
....
timvisare

دقیقه شمار
....
minutvisare

ثانیه شمار
....
sekundvisare

ساعت چند است؟
....
Vad är klockan?

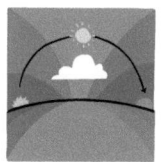

روز
....
dag

زمان
....
tid

اکنون
....
nu

ساعت دیجیتال
....
digital klocka

دقیقه
....
minut

ساعت
....
timme

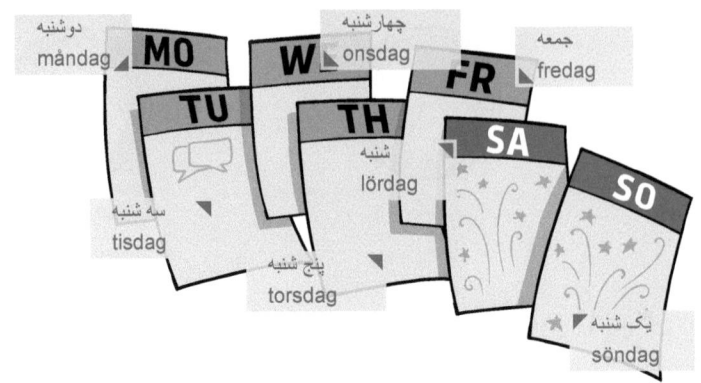

هفته

vecka

دوشنبه
måndag
سه شنبه
tisdag
چهارشنبه
onsdag
پنج شنبه
torsdag
جمعه
fredag
شنبه
lördag
یک شنبه
söndag

دیروز

igår

امروز

idag

فردا

imorgon

صبح

morgon

ظهر

middag

غروب

kväll

روزهای کاری

vardagar

آخر هفته

helg

باران
regn
رنگین کمان
regnbåge
باد
vind
برف
snö
بهار
vår
تابستان
sommar
پاییز
höst
زمستان
vinter

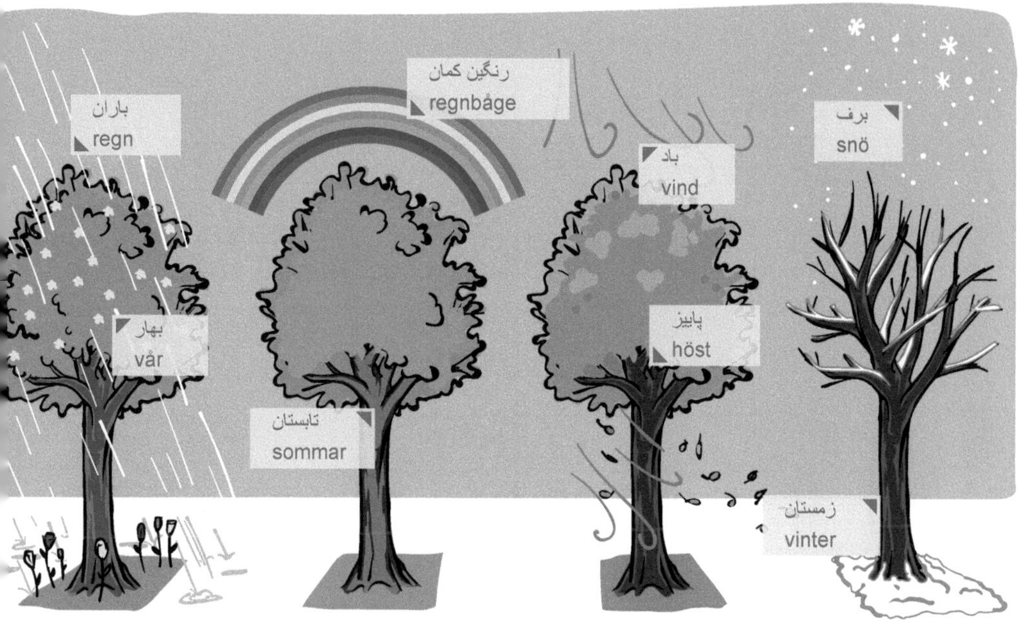

پیش‌بینی اوضاع جوی
....
väderprognos

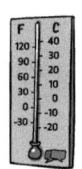

دماسنج
....
termometer

تابش آفتاب
....
solsken

ابر
....
moln

مِه
....
dimma

رطوبت هوا
....
luftfuktighet

صاعقه
....
blixt

آسمان غره
....
åska

طوفان
....
storm

تگرگ
....
hagel

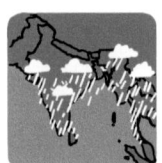

باد موسمی
....
monsun

سیل
....
översvämning

یخ
....
is

ژانویه
....
januari

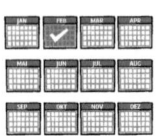

فوریه
....
februari

مارس
....
mars

آوریل
....
april

مه
....
maj

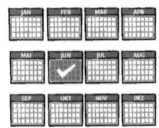

ژوئن
....
juni

ژوئیه
....
juli

آگوست
....
augusti

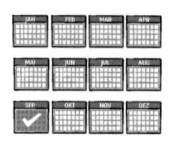

سپتامبر

september

اُکتبر

oktober

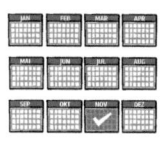

نوامبر

november

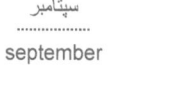

دسامبر

december

اَشکال

former

دایره

cirkel

مربع

kvadrat

مستطیل

rektangel

سه گوش

triangel

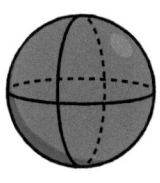

کُره

sfär

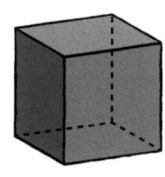

مکعب مربع

kub

رنگ ها

färger

سفید
....
vit

زرد
....
gul

نارنجی
....
orange

صورتی
....
rosa

قرمز
....
röd

بنفش
....
lila

آبی
....
blå

سبز
....
grön

قهوه ای
....
brun

خاکستری
....
grå

سیاه
....
svart

متضاد ها

motsatser

خیلی / کم

mycket / lite

خشمگین/ آرام

arg / lugn

زیبا / زشت

vacker / ful

شروع / پایان

början / slut

بزرگ / کوچک

stor / liten

روشن / تیره

ljus / mörk

برادر / خواهر

bror / syster

تمیز / آلوده

ren / smutsig

کامل / ناقص

komplett / ofullständig

روز / شب

dag / natt

مرده / زنده

död / levande

پهن / باریک

bred / smal

قابل خوردن / غیر قابل خوردن

ätlig / oätlig

غضبناک / مهربان

ond / god

هیجان زده / بی حوصله

upphetsad / uttråkad

چاق / لاغر

tjock / smal

اولین / آخرین

först / sist

دوست / دشمن

vän / fiende

پر / خالی

full / tom

سفت / نرم

hård / mjuk

سنگین / سبک

tung / lätt

گرسنگی / تشنگی

hunger / törst

مریض / سالم

sjuk / frisk

غیرقانونی / قانونی

olaglig / laglig

باهوش / خنگ

intelligent / dum

چپ / راست

vänster / höger

نزدیک / دور

nära / långt bort

نو / استفاده شده

ny / begagnad

هیچ چیز / چیزی

inget / något

پیر / جوان

gammal / ung

روشن / خاموش

på / av

باز / بسته

öppen / stängd

آهسته / بلند

tyst / högljudd

ثروتمند / فقیر

rik / fattig

درست / غلط

rätt / fel

زبر / صاف

grov / slät

غمگین / خوشحال

ledsen / glad

کوتاه / بلند

kort / lång

کند / تند

långsam / snabb

تر / خشک

våt / torr

گرم / خنک

varm / sval

جنگ / صلح

krig / fred

اعداد

siffror

0	1	2
صفر	یک	دو
noll	ett	två
3	4	5
سه	چهار	پنج
tre	fyra	fem
6	7	8
شش	هفت	هشت
sex	sju	åtta
9	10	11
نه	دَه	یازده
nio	tio	elva

12
دوازده
tolv

13
سیزده
tretton

14
چهارده
fjorton

15
پانزده
femton

16
شانزده
sexton

17
هفده
sjutton

18
هجده
arton

19
نوزده
nitton

20
بیست
tjugo

100
صد
hundra

1.000
هزار
tusen

1.000.000
میلیون
miljon

زبان ها
språk

انگلیسی

engelska

انگلیسی آمریکایی

amerikansk engelska

چینی ماندارین

kinesisk mandarin

هندی

hindi

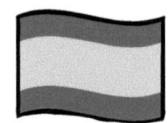

اسپانیایی

spanska

فرانسوی

franska

عربی

arabiska

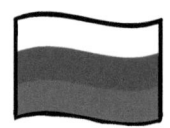

روسی

ryska

پرتغالی

portugisiska

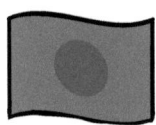

بنگالی

bengali

آلمانی

tyska

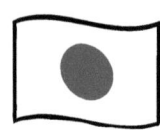

ژاپنی

japanska

چه کسی / چه چیزی / چگونه

vem / vad / hur

من

jag

تو

du

او

han / hon / den (det)

ما

vi

شما

ni

آنها

de

چه کسی؟ کی؟

vem?

چی؟

vad?

چگونه؟

hur?

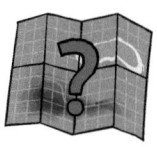

کجا؟

var?

کی؟

när?

نام

namn

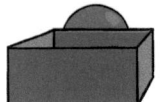

كجا

var

پشت
bakom

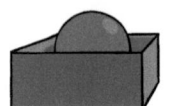

توی
i

جلو
framför

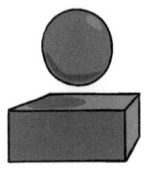

بالای
över

روی
på

زیر
under

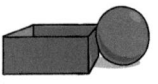

مجاور
bredvid

بین
mellan

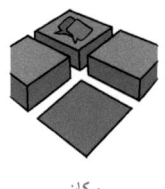

مکان
plats